楽しく学べる
川柳&俳句づくり
ワークシート

中村健一 著

黎明書房

はじめに

新学習指導要領に国語科の言語活動の例として、俳句をつくることが取り上げられました。これを受け、小学校の教科書に俳句をつくる活動が取り入れられました。

しかし、子どもたちにどう俳句をつくらせていいのかとまどう先生方も多いのではないでしょうか?

私もそんな一人です。

そこで、俳句に関する多くの本を読みました。また、何冊も句集を出されている著名な俳人、武馬久仁裕氏（黎明書房の社長さんです）のご指導を受けながら、俳句のつくり方を学びました。

そして、学んだ俳句づくりの方法をこの本にワークシートという形でまとめました。

本書では、まずは、ハードルの低い川柳づくりからスタートしています。子どもたちに五・七・五のリズムに慣れさせるのが目的です。

子どもたちに運動会のスローガンや虫歯予防の標語をつくらせます。何も言わなくても、子どもたちは七五調の作品をつくります。やはり、日本語は七五調が心地よいのだと思います。

川柳づくりで五・七・五の音に慣れたら、いよいよ本格的に俳句づくりです。「本格的に」とは言っても、まずは簡単なものから徐々にハードルを上げるようにしてあります。

本書をつくるに当たって、武馬久仁裕氏に大変お世話になりました。たくさんご指導いただき、本当にありがとうございました。とても勉強になりました。

この本を使って子どもたちに川柳、俳句をつくらせてみてください。きっと子どもたちは生き生きと表現することでしょう。子どもたちは思っている以上に川柳、俳句づくりが大好きですよ。

私の学んだ俳句のつくり方が、みなさんの教室でも役に立つとうれしいです。

平成二四年五月二六日　　中村健一

この本の特徴&使い方

この本の使い方を本書の特徴と共に紹介します。

①　コピーして配って、させるだけ。

コピーして配るだけでOKです。

ワークシートには指示が明記してあります。また、具体的な例も載せてあります。

説明しなくても、子どもたちは、川柳や俳句づくりに取り組めます。

それこそ、宿題にしても大丈夫です。

②　「易→難」になっている。

ワークシートの順番は、季語のいらない川柳づくりからスタートしています。そして、俳句にレベルアップするようになっています。


また、川柳、俳句、それぞれの中でも簡単なものから難しいものになるように並べてあります。

全部をする必要はありません。面白そうなものだけコピーして子どもたちにつくらせてください。

ただ、「易→難」の順番になっているので、その点はご配慮ください。

③　一〇分から二〇分の短時間でできる。

一枚のワークシートは、一〇分から二〇分の短時間でできるようになっています。授業時間の四五分全部を使う必要はありません。

まずは、「質」より「量」だと思います。

とにかくできるだけたくさんのワークシートをコピーして教室で試してみてください。

多くの作品をつくる中で作品の「質」も上がっていくはずです。

教室流・簡単句会をしよう！

せっかく子どもたちがつくった作品です。句会をして、お互いの作品を鑑賞し合うことをオススメします。

では、教室で簡単にできる句会の方法を紹介します。

教室流・簡単句会のやり方

① 子どもたちに、短冊に切った紙を配る。子どもたちはその紙に自分のつくった川柳や俳句を一つだけ書く。名前も書く。

② 教師は、その作品を五作品ずつの束にする。そして、一つの束を取り、五作品をクラスみんなに読み聞かせる。名前は読まない。

③ 子どもたちは五作品の中から一番良かったと思う作品に手を挙げる。投票でナンバー1作品を選ぶ。

④ 全ての束を読み上げ、それぞれのナンバー1作品を選ぶ。そして、ナンバー1作品を全てもう一度読み聞かせ、投票で最優秀賞を決める。

⑤ 最優秀賞が決まったら、誰の作品だったか発表する。また、ナンバー1作品の作者も発表する。

教師は句会の間は、一切評価の言葉を言わないのがコツです。

どの作品を選ぶのかは、子どもたちの感性に任せましょう。

最優秀作品が決まったら、最優秀作品やナンバー1作品について、「どこが良かった？」と子どもたちに聞くとよいでしょう。

また、教師が最優秀作品やナンバー1作品についてコメントしてもＯＫです。

さらに、ナンバー1作品に選ばれなかった作品の中から、教師が良いと思うものも紹介するとよいでしょう。

その時は、良かった理由をきちんと説明することが大切です。教師の意外な作品の見方を紹介することで、子どもたちの作品を見る目が広がります。

もくじ

季語を加えて！　五・七・五　——俳句編——

【参考文献】

・坪内稔典『増補　坪内稔典の俳句の授業』（黎明書房）
・金子兜太『俳句のつくり方が面白いほどわかる本』（中経出版）
・長谷川櫂『決定版　一億人の俳句入門』（講談社現代新書２０２９）
・石寒太『カラー版　初めての俳句の作り方』（成美堂出版）
・金子兜太『知識ゼロからの俳句入門』（幻冬舎）
・醍醐育宏『小学生のやさしい俳句』（小峰書店）
・大高翔『親子で楽しむこども俳句塾』（明治書院）
・藤井圀彦監修『小学生のまんが俳句辞典』（学研）
・炎天寺編、吉野孟彦監修『イラスト　子ども俳句　クイズ・学習』（汐文社）
・金子兜太監修、あらきみほ編著『名句もかなわない子ども俳句１７０選』（中経出版）
・夏石番矢編・著『満点ゲットシリーズ　ちびまる子ちゃんの俳句教室』（集英社）
・上條晴夫編著『お笑いに学ぶ教育技術―教室をなごませるアイデア集』（学事出版）

まずは楽しく！五・七・五
――川柳編――

五・七・五の十七音でつくられた短い詩が川柳です。

俳句と違い、季語を入れる必要がないので、簡単につくることができます。

まずは、川柳づくりで、子どもたちを五・七・五のリズムに慣れさせましょう。

子どもたちは川柳づくりを楽しみながら、日本語には七五調の響きが合うことを実感するはずです。

昨日の出来事を川柳にするだけの簡単なものから、ユーモアのあるもの、内容を要約するものなど、徐々に難易度を上げてあります。お好きなワークシートをコピーして、子どもたちに楽に、楽しく川柳づくりをさせてください。

1 昨日《きのう》の出来事《できごと》を川柳《せんりゅう》にしよう

名前（　　　　　　　　　　　　）

昨日の出来事を次《つぎ》のように五《ご》・七《しち》・五《ご》でまとめましょう。

・テレビみた　AKB《エーケービー》が　でていたよ
・友達《ともだち》と　遊んでいたら　日が暮《く》れた
・宿題を　やらずに眠《ねむ》り　怒《おこ》られた

① 昨日の出来事を箇条書《かじょうが》きにしてみましょう。

（例）晩《ばん》ご飯《はん》が、大好《だいす》きなからあげだった。

・

・

・

・

・

・

② ①で書き出した昨日の出来事を五・七・五の音《おん》にまとめましょう。

【ちょっと重要《じゅうよう》】
文字《もじ》の数でなく、音の数で数えます。
「きゃ」「しゅ」「ちょ」などは、一音《いちおん》です。
「ギター」「びっくり」の「ー」や「っ」も一音に数えます。

（例）晩ご飯	からあげ大好き	うれしいな

③ お気に入りの川柳を一つ選《えら》んで、短冊《たんざく》に清書《せいしょ》しましょう。教室に掲示《けいじ》します。

2 Q&A《キューアンドエー》川柳《せんりゅう》 ―先生と編《へん》―

名前（　　　　　　　　　）

先生の五《ご》・七《しち》・五《ご》の質問《しつもん》に同じ五・七・五の音《おん》で答えましょう。

Q　教えてね　あなたの好《す》きな　食べ物を

A　・サーモンよ　回転《かいてん》ずしは　そればっか

・焼《や》き肉を　毎日食べて　みたいなあ

・ハンバーグ　母の手作り　一番だ

① 教えてね　あなたの好きな　食べ物を

(例) カレーなら　大盛《おおも》り三杯《ばい》　食べられる

②　どの教科　好きかきらいか　教えてよ

（例）体育好き　算数きらい　国語好き

③　好きな色　好きな理由も　教えてよ

（例）むらさきだ　サンフレッチェの　色だから

④　将来《しょうらい》は　どんな仕事《しごと》が　してみたい？

（例）パイロット　世界《せかい》の空を　旅《たび》したい

3 Q&A川柳《キューアンドエーせんりゅう》 ―友達《ともだち》と編《へん》―

名前（　　　　　　　　　　）

次《つぎ》のような五《ご》・七《しち》・五《ご》の質問《しつもん》を考えて、友達《ともだち》に答えてもらいましょう。

- 大好《だいす》きな　給食《きゅうしょく》メニュー　何《なん》ですか？
- 最近《さいきん》は　何《なに》にはまって　いるのかな？
- 朝起《お》きて　一番最初《さいしょ》　することは？

① 五・七・五の音で質問川柳をつくりましょう。

（例）今までで	一番笑《わら》える	失敗《しっぱい》は？

② あなたのつくった質問川柳に、班《はん》のメンバーに五・七・五で答えてもらいましょう。

（例）靴下《くつした》を	はいてお風呂《ふろ》に	入ったの

名前（　　　　　　　　　　）

名前（　　　　）

名前（　　　　）

名前（　　　　）

③　ベストアンサー賞《しょう》（一番良《よ》かった答え）を選《えら》んで発表《はっぴょう》しましょう。

ぼく・わたしの質問川柳、

へのベストアンサー賞を発表します。（　　　　）くん・さんの

です。

4 文章《ぶんしょう》を川柳《せんりゅう》にしてみよう

名前（　　　　　　　　）

次《つぎ》のように文章を川柳にまとめてみましょう。

> お母さんがうれしそうにケーキを食べている
>
> ↓
>
> お母さん　ケーキを食べると　笑顔《えがお》だね

次の文章を五《ご》・七《しち》・五《ご》の音《おん》でまとめてください。できた作品は発表《はっぴょう》してもらいます。みんなの投票《とうひょう》でクラスナンバー1《ワン》作品を決めましょう。

【お題①】先生が教室でさわいでいる子どもをしかっている

（例）先生の	怒《いか》り爆発《ばくはつ》	シンとなる

【お題②】一年生が体より大きなランドセルを背負《せお》って歩いている

（例）おどろいた	ランドセルだけ	歩いてる

【お題③】船が汽笛《きてき》を鳴らし、出発《しゅっぱつ》しようとしている。

（例）船に乗り　大航海《だいこうかい》に　出発だ

【お題④】広い牧場《ぼくじょう》で馬が元気に走っている。

（例）馬走る　たてがみまるで　無重力《むじゅうりょく》

【お題⑤】ものすごい大雨が降《ふ》った後に晴れて、お日様が出ていた。

（例）雨降って　お空の水が　なくなった

5 アクロスティック川柳《せんりゅう》

名前（　　　　　　　　　　）

次《つぎ》の川柳は何《なに》かを説明《せつめい》しています。それが何か分かりますか？

・（あ）つい時　（い）っぱい食べると　（す）ずしいな
・（お）いしいね　（か）みかみもぐもぐ　（し）あわせだ
・（カ）シャカシャと　（メ）で見てシャッター　（ラ）くに押《お》す

正解《せいかい》は、「アイス」「おかし」「カメラ」です。それぞれの句の五《ご》・七《しち》・五《ご》の最初の音を合わせると、答えになっているのです。

このようなアクロスティック川柳をつくりましょう。

① まずは、練習《れんしゅう》です。次のお題《だい》に合わせてアクロスティック川柳を完成《かん》させ《せい》ましょう。
どれか一つ完成できれば、合格《ごうかく》です。

説明になっていれば、すごい。でも、むずかしければ、説明になっていなくても、ＯＫ《オーケー》です。とにかく五・七・五の音《おん》にしてみましょう。

★お題「やすみ」

や
す
み

★お題「いちご」

い

ち

ご

★お題「くすり」

く

す

り

②「やすみ」「いちご」「くすり」のような三文字の言葉をたくさん書き出しましょう。

③アクロスティック川柳がつくりやすそうな三文字の言葉を一つ選《えら》びます。

④アクロスティック川柳を完成させましょう。そのものの説明になっていればすごいです。でも、むずかしければ、説明になっていなくても、ＯＫです。

6 ダジャレ川柳《せんりゅう》

名前（　　　　　　　　）

次《つぎ》のようなダジャレを使った川柳をつくりましょう。

・コンドルが　空を飛《と》べずに　へこんどる
・惑星《わくせい》が　おならをしたよ　わーくせい
・時計など　相手《あいて》にするな　ほっとけい

① 知っているダジャレを箇条書《かじょうが》きにしましょう。

（例）ふとんが、ふっとんだ

・
・
・
・
・
・
・

② 五音《ごおん》や七音《しちおん》になりそうなダジャレを一つ選《えら》びましょう。

・

③ 言葉を付《つ》け加《くわ》え、五・七・五の川柳にまとめましょう。強引《ごういん》でもＯＫ《オーケー》です。かえっておもしろい作品ができあがります。

（例）ふとん干《ほ》す	風が強くて	ふっとんだ

④ 自信作を一つ選んで、友達《ともだち》に下五《しもご》を当《あ》ててもらうクイズをしましょう。

※五・七・五の最初《さいしょ》の五音を上五《かみご》、真《ま》ん中の七音を中七《なかしち》、一番下の五音を下五《しもご》といいます。俳句《はいく》も同じです。

（例）ふとん干す	風が強くて	○○○○○

※下五をかくして友達に見せましょう。

答え

（例）ふっとんだ

7 川柳《せんりゅう》で授業《じゅぎょう》をふり返ろう

名前（　　　　　　　　　　）

この授業のふり返りを次《つぎ》のような川柳にまとめましょう。

・家光《いえみつ》の　参勤交代《さんきんこうたい》　うまい策《さく》
・人体は　知れば知るほど　不思議《ふしぎ》だな
・三角形　内角《ないかく》の和《わ》は　百八十

① この授業で分かったこと、気づいたこと、考えたこと、疑問《ぎもん》に思ったことなどなど、箇条書《かじょうが》きにしましょう。

（例）俳句《はいく》には、季語《きご》が必要《ひつよう》。

・

・

・

・

・

・

②　①で書き出したふり返りを五《ご》・七《しち》・五《ご》の音《おん》にまとめましょう。

（例）川柳に	季語を入れたら	俳句だよ

③　「一番いい！」と思う川柳を選《えら》んで左のわくに書きましょう。そして、授業のふり返りを友達《ともだち》と紹介《しょうかい》し合いましょう。

8 自《じ》己《こ》紹《しょう》介《かい》川《せん》柳《りゅう》をつくろう

名前（　　　　　　　　）

次《つぎ》のような自分を紹介する川柳をつくりましょう。

・歌が好《す》き　いきものがかりが　特《とく》に好き
・サッカーの　プロになるのが　夢《ゆめ》なんだ
・きらいなの　納豆《なっとう》だけは　許《ゆる》してね

① 左の表に自分のことを書いてみましょう。（最後《さいご》の五つは、項目《こうもく》も自分で考えましょう）

（例）好きな食べ物	タイヤキ	尊敬《そんけい》する人	
好きな食べ物		好きな花	
きらいな食べ物		将来《しょうらい》の夢	
好きな教科			
きらいな教科			
趣味《しゅみ》			
特技《とくぎ》			

今読んでいる本			

② ①でつくった表をもとに、自己紹介を五《ご》・七《しち》・五《ご》の音《おん》にまとめましょう。

(例) タイヤキが	大好きしっぽ	おれにくれ

③ クラスみんなの前で、②でつくった自己紹介川柳を一つ発表《はっぴょう》しましょう。

(自己紹介川柳⇒○○○○です。⇒よろしくお願《ねが》いします。)

(フルネーム　　　　)です。

よろしくお願いします。

9 他己《たこ》紹介《しょうかい》川柳《せんりゅう》をつくろう

名前（　　　　　　）

次《つぎ》のような友達《ともだち》を紹介する川柳をつくりましょう。

・笹木《ささき》さん　好《す》きな食べ物　プリンだよ
・剣玉《けんだま》に　はまっているよ　市村《いちむら》くん
・意外《いがい》にも　算数好きな　西《にし》くんだ

① となりの席《せき》の人の名前を聞いて、フルネームで書きます。

紹介《しょうかい》する友達の名前	

② インタビューして、メモを完成《かんせい》させましょう。（最後《さいご》の五つは項目《こうもく》も自分で考えます）

（例）読んでいる本	ハリーポッター	今読んでいる本	
好きな食べ物		将来《しょうらい》の夢《ゆめ》	
きらいな食べ物			
好きな教科			
きらいな教科			

趣味《しゅみ》			
特技《とくぎ》			

③　②でつくったメモをもとに、となりの人の紹介を五《ご》・七《しち》・五《ご》の音《おん》でまとめましょう。

（例）小田《おだ》さんは	ハリーポッター	すべて読み

④　みんなの前で、②でつくった他己紹介川柳を一つ発表《はっぴょう》しましょう。
（となりの席の〇〇〇〇さんです。⇓他己紹介川柳⇓〇〇さんをよろしくお願《ねが》いします。）

となりの席の（フルネーム　　　　　　）さんです。

（名字《みょうじ》　　　　　　）さんをよろしくお願いします。

10 担任《たんにん》の先生を川柳《せんりゅう》で紹介《しょうかい》しよう

名前（　　　　　　　　　　）

次《つぎ》のような担任の先生を紹介する川柳をつくりましょう。

・まゆげ濃《こ》い　中村《なかむら》先生　おもしろい
・お人形　みたいな笑顔《えがお》の　阿部《あべ》先生
・ダンディで　グルメな先生　岡《おか》先生

① 担任の先生の特徴《とくちょう》を箇条書《かじょうが》きにしましょう。（当たり前ですが、悪《わる》いことは書きません。）

（例）たくましくて力強い。
（例）ラグビーが好《す》きで、大学時代《じだい》にやっていた。
・
・
・
・
・

②　①でメモした担任の先生の特徴をもとにして、川柳をつくりましょう。担任の先生の名前の長さに合わせて、五《ご》・七《しち》・五《ご》のどれかに、〇〇先生と入れてください。（多少の字余《じあま》りは気にしません）

※字余り……五音《ごおん》が六音以上になったり、七音《しちおん》が八音以上になったもの。リズムが大きくずれなければ字余りでもだいじょうぶです。逆に、五音が四音以下になったり、七音が六音以下になったものは字足《じた》らずといいます。

（例）パワフルな	土作《つちさく》先生	ラガーマン

③　一番お気に入りの作品を選《えら》びましょう。クラスみんなに紹介してもらいます。投票《とうひょう》でクラスのナンバー1《ワン》作品を決《き》めましょう。

11 お母さん・お父さん川柳《せんりゅう》

名前（　　　　　　　　　　）

お母さん、お父さんをネタにした次のような川柳をつくりましょう。

・お母さん　へそくりためて　うれしそう
・ねえおいしい？　食べる前から　聞いてくる
・お父さん　トイレまだかな　もれそうだ

① お母さん、お父さんのおもしろいエピソードを箇条書《かじょうが》きにしましょう。

（例）お母さんは夕方にスーパーに行って、半額《はんがく》になったお惣菜《そうざい》を買うのが好《す》きだ。

・
・
・
・
・
・
・

②　右に書いたエピソードを五《ご》・七《しち》・五《ご》の音《おん》にまとめましょう。

（例）お母さん	半額時《はんがくどき》に	現《あらわ》れる

③　友達《ともだち》に紹介《しょうかい》して、一番ウケた川柳を一つ書きましょう。

12 会話川柳《せんりゅう》

名前（A　　　）
名前（B　　　）

友達《ともだち》と次《つぎ》のような五《ご》・七《しち》・五《ご》の会話を楽しみましょう。

A　昨日《さくじつ》は　家に帰って　何《なに》したの？
B　宿題《しゅくだい》も　せずに遊《あそ》びに　でかけたよ
A　君ん家《ち》が　うらやましいな　許《ゆる》されて
B　それならば　君《きみ》は宿題　して遊ぶ？
A　母さんが　いない時なら　しませんよ

①　友達とジャンケンをして、A（先攻《せんこう》）、B（後攻《こうこう》）を決《き》めます。決めたらこのワークシートの名前欄《らん》に名前を書きましょう。

②　A、Bの順番《じゅんばん》で交互《こうご》に五・七・五の音《おん》で会話をしましょう。十分間で多くの会話をした二人組が優勝《ゆうしょう》です。

A	B	A	B

③　いくつ会話が続けられましたか？　川柳の数を書きましょう。

A	B	A	B	A	B	A	B	A	B	A	B

［　　　］つ。

13 川柳《せんりゅう》しりとり合戦《がっせん》

名前（A　　　　）

名前（B　　　　）

次《つぎ》のように川柳でしりとりをしてみましょう。

A（わ）からない　でも手を挙《あ》げた　参観《さんかん》（び）
B（ビ）ー玉が　キラキラしてて　キレイだ（な）
A（な）んという　絵にもかけない　美し（さ）
B（さ）しすせそ　意味はないけど　言ってみ（た）
A（た）から物　父にもらった　ネックレ（ス）

① 友達《ともだち》とジャンケンをして、A（先攻《せんこう》）、B（後攻《こうこう》）を決めます。
決《き》めたらこのワークシートの名前欄《らん》に名前を書きましょう。

② A、Bの順番《じゅんばん》で交互《こうご》に五《ご》・七《しち》・五《ご》でしりとりを続けましょう。十分間で多くのしりとりを続けた二人組が優勝《ゆうしょう》です。

A	B	A	B

③　いくつしりとりが続けられましたか？　川柳の数を書きましょう。

B	A	B	A	B	A	B	A	B	A	B	A

□つ。

14 あるあるネタ川柳《せんりゅう》

名前（　　　　　　）

友達《ともだち》が「あるある」と言いたくなるネタを次《つぎ》のような川柳にしましょう。

・先生のことを「お母さん」と呼《よ》んでしまった。
↓ 先生を　「お母さん」と呼ぶ　授業中《じゅぎょうちゅう》
・牛乳《ぎゅうにゅう》を飲《の》んでいる友達を見ると、笑《わら》わせたくなる。
↓ 笑わせて　牛乳ふいた　友がいる
・教室に犬が迷《まよ》いこんで来ると、異様《いよう》にテンションが上がる。
↓ 迷い犬　お前も勉強《べんきょう》　したいのか

① 「なるほど」「あるある」と言いたくなるような一言《ひとこと》ネタを箇条書《かじょうが》きにしましょう。

(例) バス停《てい》に近づいた時、いつもちょうどバスが出て行くところだ。
・
・
・
・

② ①で書き出した「あるあるネタ」を川柳にしましょう。

（例）目の前を	いつもバス行く	にくらしい

③ 友達が一番「あるある」と言ってくれそうな一言ネタと川柳を一つ選《えら》びましょう。

・		

④ クラスみんなで「あるあるネタ川柳バトル」を楽しみましょう。ルールは次の通りです。

(1) 二人が教室の前に出る。

(2) クラス全員が「あるあるネタを言ってみて！」と手拍子《てびょうし》をしながらかけ声をかける。

(3) そのかけ声の後、一人があるあるネタを一言で説明《せつめい》する。（例「テストの時、自信がないと、周りの鉛筆《えんぴつ》の音が大きく聞こえる」）そして、「あるあるネタ川柳」を詠《よ》み上げる。（例「自信なし　となりの鉛筆　大音量《だいおんりょう》」）

(4) クラス全員でもう一度かけ声を言う。そして、もう一人があるあるネタを一言で説明し、「あるあるネタ川柳」を詠み上げる。

(5) どっちが「あるある」と思ったか手をあげて、多数決《たすうけつ》で勝敗《しょうはい》を決める。

15 CM《シーエム》川柳《せんりゅう》

名前（　　　　　　　）

次《つぎ》のようなものを宣伝《せんでん》する川柳をつくりましょう。

・身をけずり　あなたを賢《かしこ》く　しています（鉛筆《えんぴつ》）
・一秒《びょう》も　休まず働《はたら》き　続《つづ》けます（時計）
・脳天《のうてん》を　突《つ》き抜《ぬ》く刺激《しげき》　与《あた》えます（かき氷）

① 鉛筆、消しゴム、今日の給食《きゅうしょく》、学校、自分など、宣伝するものを一つ決《き》めましょう。

（例）消しゴム

② 宣伝するものの特徴《とくちょう》をできるだけたくさん箇条書《かじょうが》きにします。

（例）使《つか》うとどんどん小さくなる。

・

・

・

郵便はがき

料金受取人払郵便

名古屋中支店
承　認

3021

差出有効期間
平成26年1月
31日まで

4 6 0 - 8 7 9 0

4 1 3

名古屋市中区
丸の内三丁目6番27号
(EBSビル八階)

黎明書房 行

購入申込書

●ご注文の書籍はお近くの書店よりお届けいたします。ご希望書店名をご記入の上ご投函ください。(直接小社へご注文の場合は代金引換にてお届けします。1500円未満のご注文の場合は送料500円,1500円以上2500円未満の場合は送料200円がかかります。)

(書名)	(定価)	円	(部数)	部
(書名)	(定価)	円	(部数)	部

ご氏名　　　　　　　　TEL.

ご住所 〒

ご指定書店名(必ずご記入下さい。)	取次・番線印	この欄は書店又は小社で記入します。
書店住所		

愛読者カード

ー

今後の出版企画の参考にいたしたく存じます。ご記入のうえご投函くださいますようお願いいたします。新刊案内などをお送りいたします。

書名	

1.本書についてのご感想および出版をご希望される著者とテーマ

※上記のご意見を小社の宣伝物に掲載してもよろしいですか?

□ はい　□ 匿名ならよい　□ いいえ

2.小社のホームページをご覧になったことはありますか?　□ はい　□ いいえ

※ご記入いただいた個人情報は，ご注文いただいた書籍の配送，お支払い確認等の連絡および当社の刊行物のご案内をお送りするために利用し，その目的以外での利用はいたしません。

ふりがな

ご氏名　　　　年齢　　歳

ご職業　　　　（男・女）

（〒　　　　）

ご住所

電　話

ご購入の書店名		ご購読の新聞・雑誌	新聞（　　　） 雑誌（　　　）

本書ご購入の動機（番号を○でかこんでください。）

1.新聞広告を見て（新聞名　　　）　2.雑誌広告を見て（雑誌名　　　）　3.書評を読んで　4.人からすすめられて　5.書店で内容を見て　6.小社からの案内　7.その他

ご協力ありがとうございました。

③　書き出した特徴の中から、一番のセールスポイントを選《えら》びましょう。

（例）失敗《しっぱい》しても、消してやりなおさせてくれる。

④　そのセールスポイントが伝わるように五《ご》・七《しち》・五《ご》の川柳にまとめましょう。

（例）間違《まちが》いも　ぼくがいるから　だいじょうぶ

16 物語《ものがたり》の内容を五《ご》・七《しち》・五《ご》にまとめよう

名前（　　　　　　　　）

教科書で学習《がくしゅう》した物語の内容を次《つぎ》のような川柳《せんりゅう》にまとめましょう。

★かさこじぞう
じいさんが　かさこをあげて　年こせた

★ごんぎつね
死《し》んだ後《あと》　やっと二人は　分かり合う

★注文《ちゅうもん》の多い料理店《りょうりてん》
動物に　食べられかけたが　あらためず

① 今回学習した物語のタイトルを書きましょう。

② どんな物語だったのか短く説明しましょう。（例　『大造《だいぞう》じいさんとガン』の場合）

（例）大造《だいぞう》じいさんは、おとりを使うなど卑怯《ひきょう》な方法で残雪《ざんせつ》を捕《つか》まえようとしていた。しかし、命がけで仲間《なかま》を守ろうとする残雪の姿《すがた》に心を打《う》たれ、正々堂々《せいせいどうどう》と戦《たたか》うことを決意《けつい》した。

③ どんな物語か分かるように五《ご》・七《しち》・五《ご》の音《おん》にまとめましょう。

（例）残雪に	心を打たれ	卑怯恥《は》じ
・		
・		
・		
・		
・		

④ 自分の一番の自信作を書きます。クラスみんなで発表《はっぴょう》し合って、ナンバー1《ワン》作品を決《き》めましょう。

17 新聞記事《きじ》の内容を五《ご》・七《しち》・五《ご》にまとめよう

名前（　　　　　　　）

新聞記事を次《つぎ》のように五・七・五の音《おん》でまとめましょう。（ダルビッシュ投手《とうしゅ》が大リーグで初勝利《はつしょうり》した時の記事を例にします）

・五失点　それでもダルは　初勝利
・ほろ苦《にが》い　デビューだったが　初勝利
・初勝利　次への課題《かだい》が　見つかった

① 次の新聞記事を読みましょう。

エレベーターで「２０５０年宇宙《うちゅう》の旅」（ヨミウリ・オンライン　二〇一二年二月二一日掲出《けいしゅつ》）

エレベーターに乗《の》って地上と宇宙を行ったり来たり――。こんな夢《ゆめ》のように壮大《そうだい》な構想《こうそう》を、ゼネコンの大林組（東京）が20日、２０５０年に実現させる、と発表した。

鋼鉄《こうてつ》の20倍以上の強度《きょうど》を持つ炭素繊維《たんそせんい》「カーボンナノチューブ」のケーブルを伝い、30人乗りのかごが、高度3万６０００キロのターミナル駅《えき》まで1週間かけて向《む》かう計画という。

「宇宙エレベーター」はSF《エスエフ》小説《しょうせつ》に描《えが》かれてきたが、１９９０年代にカーボンナノチューブが発見され、同社は建設可能《けんせつかのう》と判《はん》断《だん》した。米航空宇宙局《アメリカこうくううちゅうきょく》（NASA《ナサ》）なども研究《けんきゅう》を進めている。

今回のエレベーターのケーブルの全長《ぜんちょう》は、月までの約4分の1にあたる9万６０００キロで、根元《ねもと》を地上の発着場に固定《こてい》する。一方、ターミナル駅には実験施設《じっけんしせつ》や居住《きょじゅう》スペースを整備《せいび》し、かごは時速２００キロで片道《かたみち》7・5日かけて地上とを往復《おうふく》。駅周辺《しゅうへん》で太陽光発電《たいようこうはつでん》を行い、地上に送電《そうでん》する。

② 新聞記事の内容を例にならって、次の表にまとめましょう。

だれが	（例）ダルビッシュ投手が	
何を	（例）大リーグ初勝利を	
いつ	（例）四月九日、初登板《はつとうばん》	
どこで	（例）本拠地《ほんきょち》のレンジャーズ・ボールパークで	
どういう理由で	（例）味方《みかた》が一点取《と》ったから	
どうやって	（例）六回途中《とちゅう》まで投げて五失点《しってん》で	

③ どんな新聞記事か分かるように、五・七・五の音でまとめましょう。

（例）ダルビッシュ	初登板で	初勝利

④ 自分の一番の自信作を書きます。発表《はっぴょう》し合って、ナンバー1《ワン》作品を決《き》めましょう。

◇中村健一の俳句お薦め本&コンクール

■大井恒行著『教室でみんなと読みたい俳句85』（黎明書房）

「楽しくなる俳句（ユーモア俳句）」「胸にじんと来る俳句」「家族の俳句」など、ジャンルに分けて八五の俳句が紹介されています。

全ての俳句に「解釈と鑑賞」がついていて、それぞれの俳句の良さがよく分かります。

また、作者のことや俳句についての情報も盛りだくさんです。

紹介されているのは、次のような句です。

青蛙おのれもペンキぬりたてか　芥川龍之介
三月の甘納豆のうふふふふ　坪内稔典
にっぽんは葉っぱがないと寒いんだ　藤後左右
名月をとつてくれろと泣く子かな　小林一茶
ピーマン切って中を明るくしてあげた　池田澄子

名人の名句にふれさせることができる本です。ぜひ、教室に一冊！

■俳句甲子園

俳句にも甲子園がある!?　それが、あるんです。

正式名称は「全国高校俳句選手権大会」。場所は、正岡子規や高浜虚子など著名な俳人の出身地である愛媛県松山市です。毎年八月一九日（俳句の日）ごろ、地方大会を勝ち抜いたチームと投句応募の審査で選ばれたチームが二日間かけて熱戦をくり広げています。

一チーム五人の団体戦です。俳句をつくる力だけでなく、鑑賞の力も審査の対象になっています。

予選リーグの後、決勝トーナメントが行われ、もちろん優勝チームが決められます。

高校生の大会ですが、「俳句づくりをがんばれば、将来、甲子園に出場できるかも」と子どもたちに言うのも良いでしょう。

子どもたちは、興味を持ち、意欲的に俳句づくりに取り組むと思いますよ。

季語を加えて！五・七・五
――俳句編――

いよいよ季語を入れて、本格的に俳句づくりに挑戦です。

新学習指導要領に「自然を愛する心」があげられ、いくつかの教科書には季節の言葉が取り上げられています。季節の言葉を学習するには、俳句づくりが一番ですね。

「本格的に」とは書きましたが、「新学期」（春の季語）という「上五」に続けて俳句をつくる簡単なものからスタートしています。

そして、自分で季語を選んでつくる難しいものへと徐々にハードルを上げています。さらに、切れ字やたとえを使ったり、推敲したりとハイレベルなワークシートもあります。

クラスの子どもたちの様子を見て、力に合ったワークシートを使ってくださいね。

1 今年一年の意気込《いきご》みを俳句《はいく》にしよう

名前（　　　　　　　　）

「新学期《しんがっき》」は、春の季語《きご》です。

「新学期」に続けて、今年一年の決意《けつい》を次《つぎ》のような俳句にしましょう。

※「季語」は季節《きせつ》に関係《かんけい》する言葉です。春、夏、秋、冬の季語があります。入学試験《しけん》、入学式《しき》、卒業式《そつぎょうしき》も春の季語です。

・新学期　字をていねいに　書くと決《き》め
・新学期　毎日自主勉《じしゅべん》　今年こそ
・新学期　残菜《ざんさい》０《ゼロ》の　日を増《ふ》やす

① 今年一年でやってやろうと思っていることを箇条書《かじょうが》きにしましょう。

（例）友達《ともだち》に優《やさ》しくする。

・

・

・

・

・
・
・

② ①で箇条書きにした決意を五《ご》・七《しち》・五《ご》でまとめます。

（例）新学期	友に優しい	人になる
新学期		
新学期		
新学期		
新学期		
新学期		

③ 自分で一番がんばろうと思う俳句を一つ選《えら》んで、短冊《たんざく》に清書《せいしょ》しましょう。教室に掲示《けいじ》します。

新学期		

2 好《す》きな季《き》節《せつ》はいつですか

名前（　　　　　　　）

あなたの好きな季節はいつですか？
その季節にふさわしいものを入れて、次《つぎ》のように五《ご》・七《しち》・五《ご》で答えましょう。

・春風が　ほほに当たって　心地《ここち》よい（春）
・夏休み　ラジオ体操《たいそう》　はつらつと（夏）
・のんびりと　こたつに入り　漫画《まんが》読む（冬）

① あなたの好きな季節に○をしましょう。

春・夏・秋・冬

② その季節にふさわしいものをたくさん書きましょう。

③　その季節が好きな理由を②で書いたものを入れて、五・七・五で表します。

（例）さんまなら	ご飯《はん》おかわり	何杯《なんはい》も

④　自分のお気に入り俳句《はいく》を一つ選《えら》んで、次《つぎ》の形で友達《ともだち》に紹介《しょうかい》しましょう。

私の好きな季節は、（　春　・　夏　・　秋　・　冬　）です。
好きな理由を俳句にしたので、聞いてください。

ありがとうございました。

3 写真《しゃしん》俳句《はいく》をつくろう

名前（　　　　）

この写真を見て、次《つぎ》のような俳句をつくりましょう。

・友と行く　今日の花見《はなみ》は　うれしいな
・桜《さくら》さく　あなたのお顔も　ピンク色
・人々の　にぎわいうれし　春の川

※「花見」「桜」「春の川」は、春の季語です。

① この写真に見えているもの、感じること、感じるにおい、感じる音など、思いつく言葉をたくさん箇条書《かじょうが》きにしましょう。

（例）たくさんの人
（例）ざわざわ（にぎやか）
・
・
・
・
・

②　①で書き出した言葉を使《つか》って、俳句をつくりましょう。

（例）ざわざわと　人も桜も　ゆれている

③　自分の一番の自信作を選《えら》んで、短冊《たんざく》に清書《せいしょ》しましょう。

4「とりあわせ」で自《じ》己《こ》紹《しょう》介《かい》俳《はい》句《く》をつくろう

名前（　　　　　　）

好《す》きな季《き》語《ご》と自分の名前を「とりあわせ」て、次《つぎ》のような自分を紹介する俳句をつくりましょう。

※「とりあわせ」とは、いくつかの言葉を組み合わせ、互《たが》いに響《ひび》き合わせることです。

・春風よ　阿達千恵《あだちちえ》まで　吹《ふ》いてこい
・梅雨《つゆ》空を　野田三郎《のださぶろう》は　走るのだ
・コスモスよ　木村翼《きむらつばさ》が　飛《と》んでいる

① 次の中から、好きな季語を選《えら》びましょう。（ここにない季語でもOK《オーケー》です）

春	春の空　春風《はるかぜ》　風光《かぜひか》る　梅《うめ》 桜《さくら》　たんぽぽ　うぐいす つばめ　花見《はなみ》　春一番《はるいちばん》　風《ふう》 船《せん》　おたまじゃくし　蛤《はまぐり》 雪《ゆき》解《ど》け　かえる　菜《な》の花《はな》 若草《わかくさ》　わかめ　よもぎ　蝶《ちょう》 子猫《こねこ》　蜂《はち》　遠足　ブランコ
夏	梅雨《つゆ・ばいう》　風薫《かぜかお》る　夏の雲　蝉《せみ》 夕焼《ゆうや》け　夏の海　あじさい ひまわり　バナナ　トマト 熱帯魚《ねったいぎょ》　むぎわらぼう　水《みず》 着《ぎ》　かぶと虫　ほたる　夏 休み　プール　花火　金魚 朝顔　うちわ　たけのこ
秋	月　秋の風　りんご　ゆず ぶどう　栗《くり》　もみじ　鈴虫《すずむし》 コスモス　とんぼ　イクラ 運動会　稲刈《いねか》り　月見　芋《いも》 虫の声　菊《きく》　きりぎりす さんま　鹿《しか》　柿《かき》　どんぐり すすき　天《あま》の川《がわ》　いちじく
冬	大晦日《おおみそか》　年越《としこ》し　冬の空 みかん　冬眠《とうみん》　ふぐ　狐《きつね》 白鳥　セーター　ふとん 手袋《てぶくろ》　おでん　餅《もち》　炬燵《こたつ》 焚《た》き火《び》　霜焼《しもや》け　スキー うさぎ　鶴《つる》　大根《だいこん》　つらら 氷《こおり》　雪　牡蠣《かき》　クリスマス

■選んだ季語

②　次の手順《てじゅん》で、自己紹介俳句を完成《かんせい》させます。

(1)まず、選んだ季語で最初の五音《ごおん》をつくります。

(2)次に、自分の名前で七音《しちおん》をつくります。自分の名前が七音に足《た》りない人は、「の」「が」「は」「なら」「です」などの言葉を加えて七音にしましょう。八音の人は、字余《じあま》りになりますが、気にせずそのまま書きます。

(3)最後《さいご》に、自分が選んだ季語と自分の名前を組み合わせて、最後の五音をつくります。

※なれてきたら、「季語＋名前＋□」の順番《じゅんばん》にこだわらずにつくってみましょう。

(例)　桜咲《さ》く	西《にし》なおみなら	団子《だんご》だわ

③　お気に入りの自己紹介俳句を一つ選んで、短冊《たんざく》に清書《せいしょ》しましょう。教室に掲示《けいじ》します。

5 二つの情景《じょうけい》を「とりあわせ」て俳句《はいく》をつくろう

名前（　　　　　　　　）

「向日葵《ひまわり》」は、夏の季語《きご》です。

「向日葵」と全く関係《かんけい》のない情景を「とりあわせ」て、次《つぎ》のような俳句をつくりましょう。

・向日葵よ　遠くの空を　ながめてる

・向日葵よ　バスにゆられて　旅に出る

・向日葵よ　今日の試合は　がんばるぞ

① 向日葵とは全く関係のない情景を箇条書《かじょうが》きにしてください。

（例）お母さんがハンバーグをつくってくれた。

・

・

・

・

・

・	
・	

②　その情景を「向日葵よ」に続けて、七音《しちおん》、五音《ごおん》で表します。

（例）向日葵よ	母がつくった	ハンバーグ
向日葵よ		
向日葵よ		
向日葵よ		
向日葵よ		
向日葵よ		
向日葵よ		
向日葵よ		

③　②でつくった俳句を友達《ともだち》や先生に見せて、傑作《けっさく》を一つ選《えら》んでもらいましょう。

向日葵よ		

6 遠足の俳句《はいく》をつくろう

名前（　　　　　　　　）

「遠足」は、春の季語《きご》です。
遠足の思い出をもとに、次《つぎ》のような俳句をつくりましょう。

・遠足は　まだかまだかと　指《ゆび》を折《お》り
・最高《さいこう》だ　友との遠足　海の色
・思い出す　遠足の度《たび》　母の味《あじ》

① 遠足で起こった出来事《できごと》、見たもの、感じたことなどを箇条書《かじょうが》きにしましょう。

（例）目的地に到着《とうちゃく》して飲んだお茶が最高《さいこう》においしかった。

・
・
・
・
・
・

・

・

②「遠足」という季語を入れて、①で書いた思い出を五《ご》・七《しち》・五《ご》の俳句にまとめましょう。

（例）遠足は　お茶のうまさが　のどに効《き》く

③お気に入り作品を一つ選《えら》んで、短冊《たんざく》に清書《せいしょ》しましょう。教室に掲示《けいじ》します。

7 夏休みの俳句《はいく》をつくろう

名前（　　　　　）

「夏休み」は、夏の季語《きご》です。
夏休みの思い出をもとに、次《つぎ》のような俳句をつくりましょう。

・夏休み　日に日に黒さ　増《ま》していく
・眠《ねむ》れぬ夜　夏休みなら　安心だ
・後半が　早く感じる　夏休み

① 夏休みの思い出を箇条書《かじょうが》きにしましょう。

（例）宿題《しゅくだい》を最後《さいご》の日にまとめてやった。
・
・
・
・
・
・

② 「夏休み」という季語を入れて、①で書いた思い出を五《ご》・七《しち》・五《ご》の俳句にまとめましょう。ただし、「プール」「花火」など、季節を感じさせる言葉は、季語です。「夏休み」を使うと、「二重季語」（季重《きがさ》なり）という反則技《はんそくわざ》になってしまいます。他の季語を使う場合は、「夏休み」を使わずに書きましょう。二重季語にならないように気をつけてください。

【参考・夏の季語の例】プール　花火　アイスクリーム　夏の海　汗《あせ》　キャンプ　むぎわらぼう　冷《ひ》やし中華《ちゅうか》
扇風機《せんぷうき》　日焼《ひや》け　風鈴《ふうりん》　噴水《ふんすい》　水着《みずぎ》　浴衣《ゆかた》　かぶとむし　アイスコーヒー　パイナップル
蝉《せみ》　炎天《えんてん》　夕立《ゆうだち》　泳ぎ　ところてん　熱帯魚《ねったいぎょ》　金魚　うちわ　夕焼《ゆうや》け　バナナ　トマト

（例1）夏休み	宿題ピンチ	最後の日
（例2）大輪《たいりん》の	花火が開く	胸《むね》の中《なか》

③ お気に入り作品を一つ選《えら》んで、短冊《たんざく》に清書《せいしょ》しましょう。教室に掲示《けいじ》します。

8 運動会の俳句《はいく》をつくろう

名前（　　　　　　　　　）

「運動会」は、秋の季語《きご》です。
運動会の思い出をもとに、次《つぎ》のような俳句をつくりましょう。

・運動会　一位《いちい》のテープは　友のもの
・どろんこも　運動会なら　へっちゃらだ
・ピストルが　空にとどろく　運動会

① 運動会で起こった出来事《できごと》を箇条書《かじょうが》きにしましょう。

（例）がんばって練習《れんしゅう》した組体操《くみたいそう》が大成功《だいせいこう》だった。

・

・

・

・

・

・

・

②「運動会」という季語を入れて、①で書いた思い出を五《ご》・七《しち》・五《ご》の俳句にまとめましょう。

（例）運動会　心一つの　塔《とう》が立つ

③お気に入り作品を一つ選《えら》んで、短冊《たんざく》に清書《せいしょ》しましょう。教室に掲示《けいじ》します。

9 お正月の俳句《はいく》をつくろう

名前（　　　　　　　　　　）

「お正月」は、冬の季語《きご》です。
お正月の思い出をもとに、次《つぎ》のような俳句をつくりましょう。

・お正月　財布《さいふ》も私も　太っちゃう
・朝ご飯《はん》　お正月から　食べすぎる
・父と見る　空美《うつく》しい　お正月

① お正月に起こった出来事《できごと》を箇条書《かじょうが》きにしましょう。

（例）きらいなかまぼこが毎日ご飯に出た。
・
・
・
・
・

・

・

②「お正月」という季語を入れて、①で書いた思い出を五《ご》・七《しち》・五《ご》の俳句にまとめましょう。

（例）食卓《しょくたく》は　かまぼこじごく　お正月

③お気に入り作品を一つ選《えら》んで、短冊《たんざく》に清書《せいしょ》しましょう。教室に掲示《けいじ》します。

10 季語《きご》を真《ま》ん中に言葉の地図をつくろう

名前（　　　　　　　　）

次《つぎ》のページから、季語を使《つか》って、本格的《ほんかくてき》な俳句《はいく》づくりをします。
まずは、言葉の地図のつくり方を練習《れんしゅう》しましょう。

① 真ん中に季語を一つ書きます。（例）の「ブランコ」は春の季語です。
② その季語から連想《れんそう》する言葉をどんどん書きます。
③ 連想した言葉から、さらに連想する言葉をどんどん線でつないで書きます。

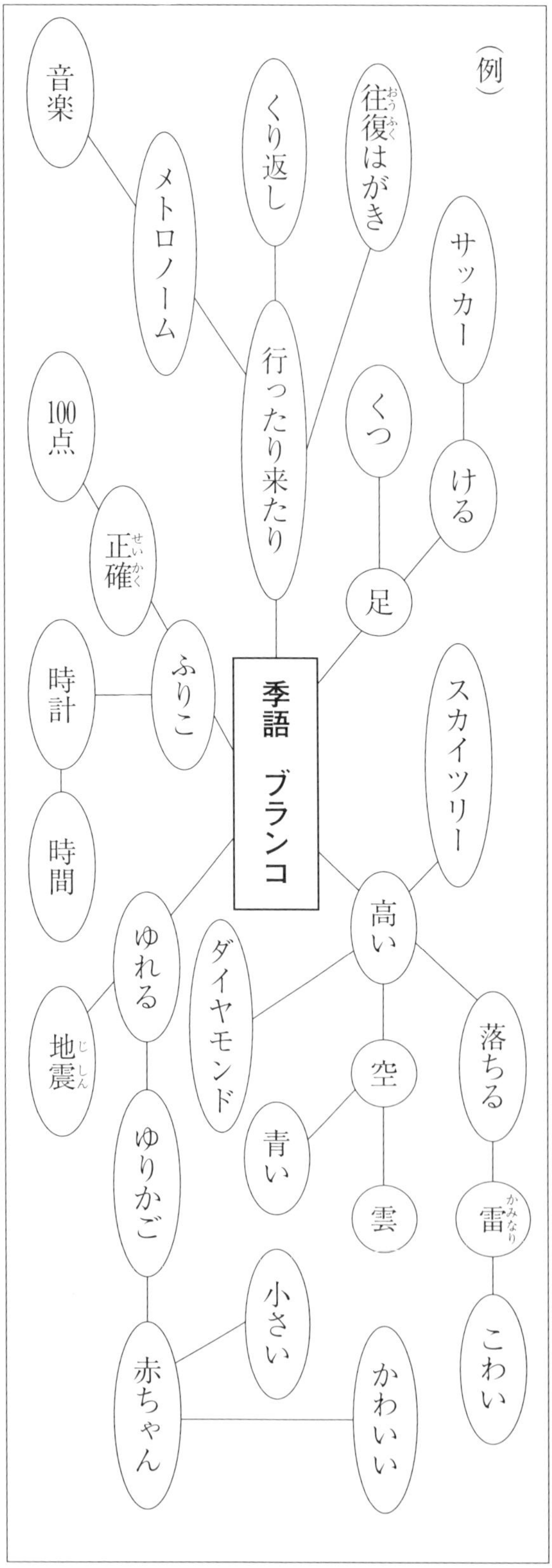

④　この地図に出てきた言葉を使って、俳句をつくります。

（例）時刻《ときき》む《ざ》

行ったり来たり

ブランコは

■　右の手順《てじゅん》で俳句をつくってみましょう。

季語

11 春の俳句《はいく》をつくろう

春の季語《きご》を使《つか》って、次《つぎ》のような俳句をつくりましょう。

・田んぼでは　おたまじゃくしが　音楽会
・チューリップ　絵の具《ぐ》のような　色そろえ
・切りたてだ　坊《ぼっ》ちゃん刈《が》りの　つくしたち

★春の季語の例

春の空　春風《はるかぜ》　風光《かぜひか》る　梅《うめ》　桜《さくら》　たんぽぽ　つばめ
うぐいす　雪解《ゆきど》け　風船《ふうせん》　春一番《はるいちばん》　おたまじゃくし
蛤《はまぐり》　雪解《ゆきど》け　かえる　蝶《ちょう》　菜《な》の花《はな》　若草《わかくさ》　わかめ
よもぎ　受験《じゅけん》　花見《はなみ》　梅干《うめぼ》し　田植《たう》え　入学　卒業《そつぎょう》
春休み　木《き》の芽《め》　チューリップ　つくし　ブランコ

① 「春の季語」から、一つ季語を選《えら》びましょう。

名前（　　　　）

②

選んだ季語を中心に書き、その言葉から連想《れんそう》する言葉をどんどん書いていきましょう。

選んだ季語

③

②でつくった「言葉の地図」の言葉を使って、俳句をつくりましょう。

12 夏の俳句《はいく》をつくろう

名前（　　　　）

夏の季語《きご》を使《つか》って、次《つぎ》のような俳句をつくりましょう。

・服をぬぐ　日焼《ひや》けの服を　まだ着てる
・初《はつ》プール　じごくのシャワーに　悲鳴《ひめい》わく
・むぎわらぼう　歯《は》だけが光る　笑顔《えがお》だよ

★夏の季語の例

プール　花火　アイスクリーム　夏の海　キャンプ
汗《あせ》　扇風機《せんぷうき》　日焼け　風鈴《ふうりん》　噴水《ふんすい》　水着《みずぎ》　浴衣《ゆかた》
かぶとむし　蝉《せみ》　炎天《えんてん》　夕立《ゆうだち》　泳《およ》ぎ　ところてん
熱帯魚《ねったいぎょ》　梅雨《つゆ・ばいう》　風薫《かぜかお》る　夏の雲　夕焼《ゆうや》け　あじさい
向日葵《ひまわり》　バナナ　トマト　むぎわらぼう　蛍《ほたる》

① 「夏の季語」から、一つ季語を選《えら》びましょう。

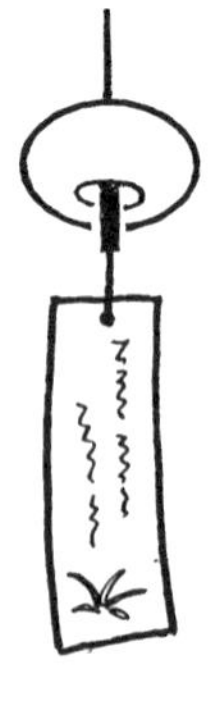

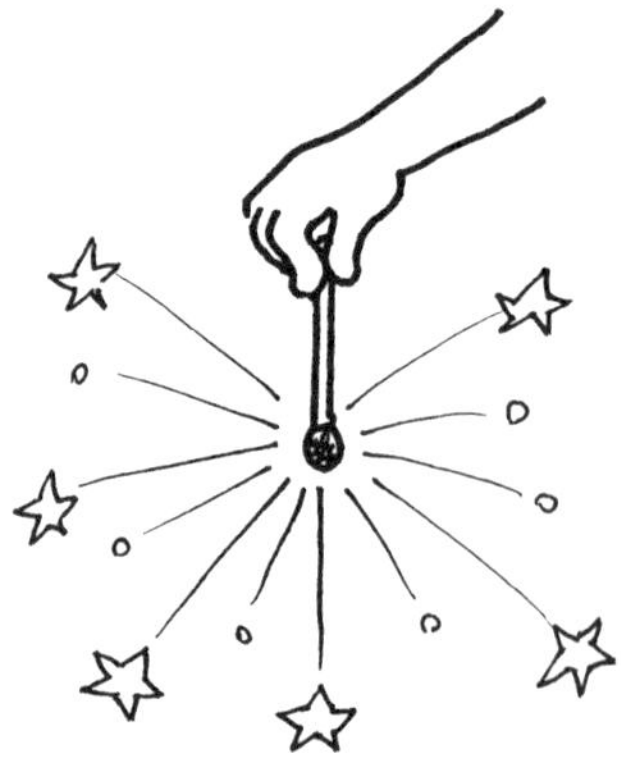

②　選んだ季語を中心に書き、その言葉から連想《れんそう》する言葉をどんどん書いていきましょう。

選んだ季語

③　②でつくった「言葉の地図」の言葉を使って、俳句をつくりましょう。

13 秋の俳句《はいく》をつくろう

名前（　　　　　）

秋の季語《きご》を使《つか》って、次《つぎ》のような俳句をつくりましょう。

・大仏《だいぶつ》の　頭の月見《つきみ》　だんごかな
・日が暮《く》れて　とんぼ飛《と》ぶ空　さあ帰ろ
・真夜中《まよなか》に　こおろぎたちの　合奏《がっそう》だ

★秋の季語の例

月　秋の風　りんご　ぶどう　栗《くり》　もみじ　とんぼ
鈴虫《すずむし》　コスモス　運動会　稲刈《いねか》り　月見《つきみ》　虫の声
菊《きく》　天《あま》の川《がわ》　秋空《あきぞら》　鰯雲《いわしぐも》　台風《たいふう》　夜長《よなが》　かまきり
きりぎりす　こおろぎ　そば　さんま　柿《かき》　銀杏《ぎんなん》
しいたけ　すすき　どんぐり　かかし　みのむし

① 「秋の季語」から、一つ季語を選《えら》びましょう。

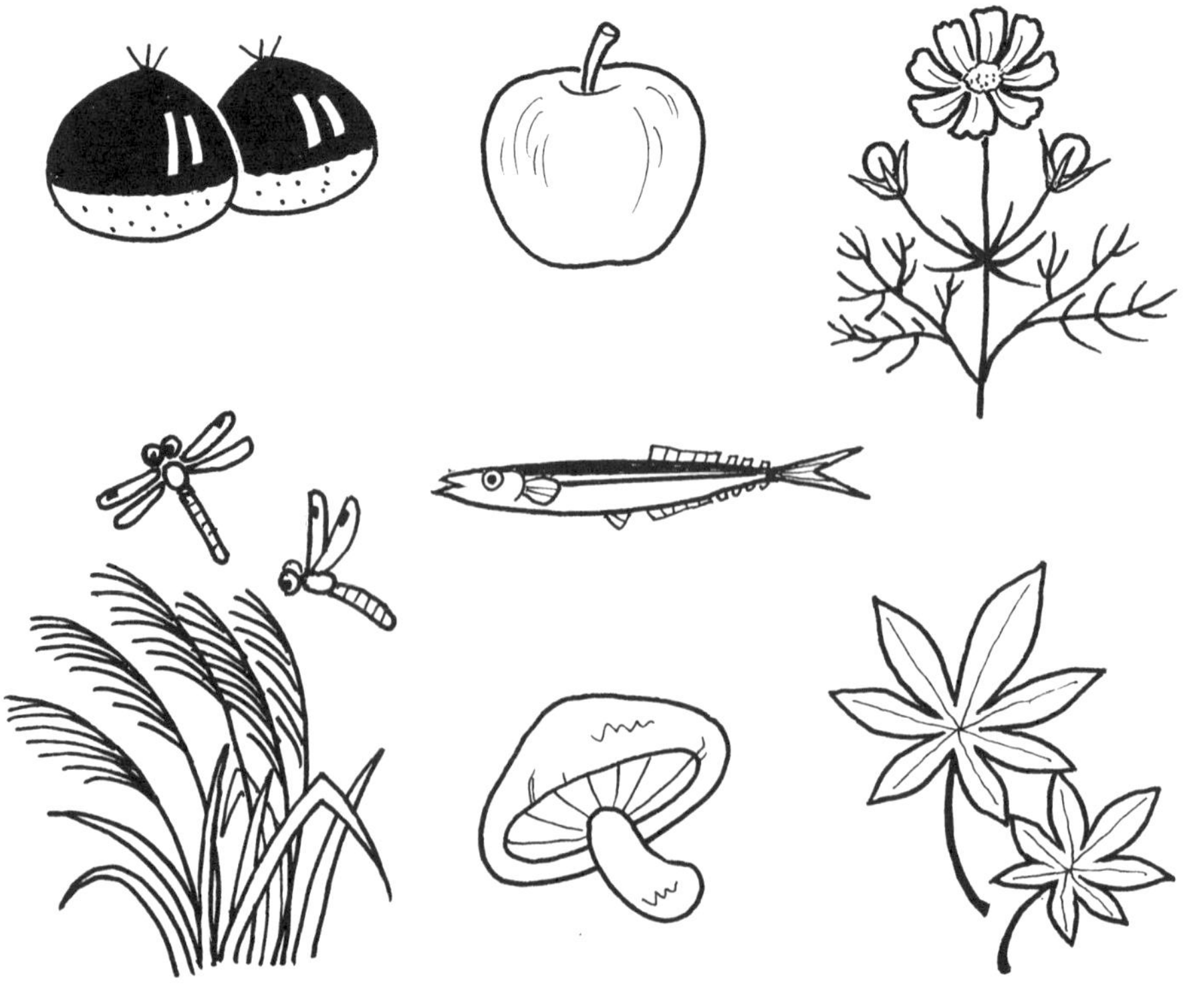

②
選《えら》んだ季語を中心に書き、その言葉から連想《れんそう》する言葉をどんどん書いていきましょう。

選んだ季語

③
②でつくった「言葉の地図」の言葉を使って、俳句をつくりましょう。

14 冬の俳句《はいく》をつくろう

名前（　　　　　　　　）

冬の季語《きご》を使《つか》って、次《つぎ》のような俳句をつくりましょう。

・湯豆腐《ゆどうふ》を　つつくと心も　ぽっかぽか
・福引《ふくび》きで　ハワイ旅行《りょこう》も　夢《ゆめ》と消《き》え
・大晦日《おおみそか》　父母《ふぼ》と将来《しょうらい》　語り合う

★冬の季語の例

大晦日　年越《としこ》し　冬の空　みかん　冬眠《とうみん》　ふぐ　餅《もち》
白鳥　セーター　ふとん　手袋《てぶくろ》　おでん　牡蠣《かき》
炬燵《こたつ》　焚《た》き火《び》　霜焼《しもや》け　スキー　スケート　北風《きたかぜ》
霜《しも》　寒さ　雪　マスク　福引き　風邪《かぜ》　お年玉《としだま》
初詣《はつもうで》　湯豆腐　落ち葉　枯《か》れ木《き》　白菜《はくさい》　葱《ねぎ》　氷《こおり》

① 「冬の季語」から、一つ季語を選《えら》びましょう。

②

選んだ季語を中心に書き、その言葉から連想《れんそう》する言葉をどんどん書いていきましょう。

選んだ季語

③

②でつくった「言葉の地図」の言葉を使って、俳句をつくりましょう。

15 「切《き》れ字《じ》」にチェ～ンジ！

名前（　　　　　　　　　　）

次《つぎ》のように俳句《はいく》に「や」「かな」「けり」の「切れ字」を入れてみましょう。
「切れ字」は、「！」や「!?」のようなもので、感動《かんどう》が強く伝《つた》わります。
また、「切れ字」を入れると、ずいぶん俳句らしくなりますよ。

・初夢《はつゆめ》や　ぼくはマウンド　大リーグ
・お父さん　うっとりと飲《の》む　ビールかな
・春風《はるかぜ》に　吹《ふ》かれ今年も　また泣《な》けり

① まずは、練習《れんしゅう》です。有名《ゆうめい》な俳句の言葉を「切れ字」にかえてみましょう。

古池《ふるいけ》に　蛙《かわず》とびこむ　水の音

←

雪とけて　村いっぱいの　こどもだよ

←

いくたびも　雪の深《ふか》さを　尋《たず》ねてる

↓

②

「切れ字」を使《つか》って、俳句をつくってみましょう。

今までつくった俳句を「切れ字」にかえてもOK《オーケー》です。

※正解は、①「古池に」→「古池や」（作者・松尾芭蕉《まつおばしょう》）②「こどもだよ」→「こどもかな」（作者・小林一茶《こばやしいっさ》）

③「尋ねてる」→「尋ねけり」（作者・正岡子規《まさおかしき》）

16 「たとえ」を使《つか》ってみよう

名前（　　　　　　　　）

「たとえ」を使って、次《つぎ》のような俳句《はいく》をつくりましょう。

・たんぽぽの　綿毛《わたげ》が空に　パラシュート
・夏の海　私はイルカの　ようになる
・銀色《ぎんいろ》の　すすきの波《なみ》に　乗《の》りたいな

① 次の季語《きご》を○○のようだと「たとえ」てみましょう。

（春）おたまじゃくし　ちょう　つばめ　桜《さくら》　たんぽぽ
チューリップ　うぐいす　蛙《かえる》　菜《な》の花《はな》　パンジー

（夏）金魚　うなぎ　かたつむり　かぶと虫　いちご
トマト　あじさい　蝉《せみ》　向日葵《ひまわり》　たけのこ　海月《くらげ》

（秋）赤とんぼ　こおろぎ　さんま　朝顔《あさがお》　栗《くり》　もみじ
どんぐり　すすき　かまきり　りんご　稲妻《いなずま》　柿《かき》

（冬）クマ　うさぎ　ふぐ　落ち葉　枯《か》れ木《き》　白菜《はくさい》　雪
木枯《こが》らし　マスク　鶴《つる》　大根　みかん　スケート

（例）栗

とげとげのよろいをつけて身を守っているようだ。

②　①で書いた「たとえ」と季語を使って、俳句をつくりましょう。

（例）とげとげの

よろいをぬいで

栗ご飯《はん》

④　友達《ともだち》や先生に見せて、一番の作品を選《えら》んでもらいましょう。

17 推敲《すいこう》し、名句《めいく》にしよう！

名前（　　　　）

今までにつくった俳句《はいく》を推敲して、さらに素晴《すば》らしい作品に仕上《しあ》げましょう。

※推敲……一度つくった俳句を悪いところがないか読み返して、何度も練《ね》り直すことです。

① 今までにつくった俳句の中で、一番のお気に入り作品を書きましょう。

A

② 最初《さいしょ》の五音《ごおん》と最後《さいご》の五音を入れかえてみましょう。

B

③ AとBを比《くら》べてみて、良《よ》い方を選《えら》んで書きましょう。

④　さらに、次《つぎ》のようなことを考えて、俳句をさらに何度か見直し、書いてみましょう。

・「が」「は」などの主語の助詞《じょし》は、できるだけ省略《しょうりゃく》しましょう。
・「て」「に」「を」「は」などの助詞はそれでいいだろうか？　他の助詞のほうがいいのではないだろうか？　と考えてみましょう。
・「や」「かな」「けり」などの切《き》れ字《じ》が使《つか》えないか考えてみましょう。

⑤　一番素晴《すば》らしい最高《さいこう》の作品を一つ選《えら》んで、清書《せいしょ》をしましょう。

著者紹介

●中村健一

1970年山口県生まれ。現在山口県岩国市立平田小学校勤務。授業づくりネットワーク，お笑い教師同盟などに所属。

著書に『子どもも先生も思いっきり笑える73のネタ大放出！』『歴史壁面クイズで楽しく学ぼう②鎌倉時代～江戸時代』『教室に笑顔があふれる中村健一の安心感のある学級づくり』（黎明書房）がある。

編著書に『思いっきり笑える爆笑クラスの作り方12ヵ月』『子どもも先生も思いっきり笑える爆笑授業の作り方72』『子どもの表現力を磨くおもしろ国語道場』『学級担任に絶対必要な「フォロー」の技術』『めっちゃ楽しく学べる算数のネタ73』『子どもが大喜びで先生もうれしい！　学校のはじめとおわりのネタ108』（黎明書房）。

共著に『42の出題パターンで楽しむ痛快社会科クイズ608』『42の出題パターンで楽しむ痛快理科クイズ660』『クイズの出し方大辞典付き笑って楽しむ体育クイズ417』『歴史壁面クイズで楽しく学ぼう①縄文時代～平安時代』『教室で家庭でめっちゃ楽しく学べる国語のネタ63』（黎明書房）『子どもが納得する個別対応・フォローの技術』（学事出版）がある。他にも執筆多数。

出演 DVD に「見てすぐわかる授業導入のアイディア集―お笑い系導入パターン―」（ジャパンライム）。

イラスト：岡崎園子

楽《たの》しく学《まな》べる川柳《せんりゅう》＆俳句《はいく》づくりワークシート

2012年９月20日　初版発行

著　者　中《なか》村《むら》健《けん》一《いち》
発行者　武馬久仁裕
印　刷　藤原印刷株式会社
製　本　協栄製本工業株式会社

発行所　株式会社　黎《れい》明《めい》書《しょ》房《ぼう》

〒460-0002　名古屋市中区丸の内3-6-27 EBS ビル
☎052-962-3045　FAX052-951-9065　振替・00880-1-59001
〒101-0047　東京連絡所・千代田区内神田1-4-9
松苗ビル４Ｆ　☎03-3268-3470

落丁・乱丁本はお取替します。　ISBN978-4-654-01880-2